chines

with **Lùlu** and **Máomao**

Contents

Text by Licheng Gu
Illustrations by Laura Hambleton

Milet

For parents and teachers

Chinese with Lùlu and Máomao

is especially for children aged 5–10.

Children can use it to start learning Chinese or to improve their Chinese. It introduces words and phrases in subjects that children meet every day – family, friends, school, activities, etc.

Children learn languages best if the learning is enjoyable. This is why **CLM** is colorful and interactive, full of fun illustrations and challenging quizzes.

To get the most out of it

- Learn along with your child or encourage him/her to learn with a friend.
- Join in with the lively recordings.
- Make testing and revising as you go along competitive and fun.
- Use **CLM** like a storybook, not a text book.
- Remember to praise and reward your child's efforts.
- See the notes on p.3 for further suggestions on how to use the course.

Each spread (two-page section) in the book is on a new topic. Here is a typical spread, with the most important features labeled.

Here's how.
Grammar points

Look at this!
Language structures

I can say...
Checklist

Language to learn

Recording
Cue to listen to Lùlu and Máomao on the recording and join in

How to use the course

1 Look at the pictures with your child. Talk about the spread together in your own language, using the pictures to help you to figure out what the Chinese means.

2 Read through the Chinese again, this time listening to the recording.

3 Play the recording again, this time encouraging your child to repeat the words/phrases after Lùlu and Máomao.

4 When your child is feeling confident, play some games to help him/her remember the language he/she has just learned:

• Ask what words mean in English or your own language.

• See how many words your child can remember in Chinese without looking at the book.

• Practice the words together in different contexts (e.g. practice numbers using toys or coins, colors using things around the house, family/clothes using photographs).

5 Encourage your child to move on to reading the book and listening to the recording independently.

Testing and revising

• **CLM** contains four Quizzes, to help you and your child measure his/her progress. These come after every few spreads and test the language just learned. Each quiz has a reward activity (see pp.42–43).

• The book also has a Wordlist, featuring all the important words used in the course (see pp.46–47). Encourage your child to write the meaning of the words in his/her language. You can use this to test your child – or your child can use it to test himself/herself, by covering up one of the columns and trying to give the translation.

• Testing and reviewing are an important part of language learning, but they should be fun. Above all, don't forget to praise and reward your child's efforts.

About the Chinese language in CLM

Chinese language has a history spanning over 3000 years. Its characters developed from pictographic forms to today's simplified forms. In the 1950s, an alphabetic system called Pinyin was developed to help people pronounce words. That is why we include Pinyin below each character – so children can read and speak the Pinyin, with the help of the audio recording. There is also a complete table of Chinese pronunciation at the back of the book.

Chinese is a tonal language with four tones: 1st tone, high-pitched and flat; 2nd tone, rising from middle to high; 3rd tone, dropping from mid-low to low and rising to mid-high; and 4th tone, dropping from high to low. Each character is pronounced in any of the four tones with a fixed meaning. For example, for the word ma: mā means mother in 1st tone; má means hemp in 2nd tone; mǎ means horse in 3rd tone; mà means scold in 4th tone.

跟露露和毛毛学中文！
Gēn Lùlu hé Máomao xué Zhōngwén!

还有朋友！
Hái yǒu péngyou!

3

你好！
Nǐ hǎo!

我叫发发。
Wǒ jiào Fāfa.
你叫什么名字？
Nǐ jiào shénme míngzi?

你好！
Nǐ hǎo!

我叫娜娜。
Wǒ jiào Nàna.

再见、毛毛!
Zàijiàn, Máomao!

再见、露露!
Zàijiàn, Lùlu!

Here's how.

Two 3rd-toned words together: Pronounce first word with 2nd tone. For example:
Nǐ hǎo! = Ní hǎo!

3rd-toned word followed by 1st-, 2nd- or 4th-toned word: Pronounce first word with half 3rd tone = lower your pitch from mid-low to low until pronouncing the next syllable

Light tone: No tone mark over the vowel, pronounce with lighter stress. For example:
Lùlu, míngzi

跟露露和毛毛说中文。
Gēn Lùlu hé Máomao shuō Zhōngwén.

5

汉字
Hànzì

我是露露。
Wǒ shì Lùlu.

Follow the stroke order and write
the characters for fish (yú) and horse (mǎ).

鱼 鱼

鱼	⺈	⺈	⺈	匂
匂	角	鱼	鱼

鱼				

我是狗。
Wǒ shì gǒu.

我是毛毛的狗。
Wǒ shì Máomao de gǒu.

我是猫。
Wǒ shì māo.

我是露露的猫。
Wǒ shì Lùlu de māo.

我是毛毛。
Wǒ shì Máomao.

Here's how.

For writing Chinese characters, follow the order and direction of the strokes. For example: start from the top and slide down for the first stroke of the character fish.

Can you see the head, body, and tail of the fish in the character? How about the character for horse?

跟露露和毛毛说中文。
Gēn Lùlu hé Máomao shuō Zhōngwén.

数一数
Shǔ yì shǔ

零 **líng**

一 **yī**

二 **èr**

五 **wǔ**

三 **sān**

四 **sì**

我八岁。
Wǒ bā suì.

Here's how.

Wǒ bā suì (I am eight years old): In this sentence, **bā suì** acts as verb to show what state the subject is in, so we do not need the verb 'to be'

一 **yī** followed by a 1st-, 2nd-, or 3rd-toned word: change to 4th tone = yì. When followed by another 4th-toned word, change to 2nd tone = yí. For example: yí gè

A measure word is needed between a number and its noun: 个 **ge** is the most common measure word. For example: one balloon = yí ge qìqiú

七 qī

八 bā

九 jiǔ

六 liù

十 shí

你多大？
Nǐ duō dà?

我九岁。
Wǒ jiǔ suì.

9

他九岁。 她八岁。
Tā jiǔ suì. Tā bā suì.

Look at this!

一个气球。
Yí ge qìqiú.

十个气球。
Shí ge qìqiú.

我八岁。
Wǒ bā suì.

他九岁。
Tā jiǔ suì.

他八岁。
Tā bā suì.

跟露露和毛毛说中文。
Gēn Lùlu hé Máomao shuō Zhōngwén.

Quiz 1

Match

Nǐ hǎo!	Wǒ jiào Máomao.
Nǐ jiào shénme míngzi?	Wǒ bā suì!
Nǐ duō dà?	Zàijiàn!
Zàijiàn!	Nǐ hǎo!
Maomao de gou duo da?	Maomao de gou sán sui.

Find and color

liù yī shí jiǔ sān sì èr qī wǔ bā líng

Write

_____. Wǒ jiào Lùlu.

Nǐ jiào_____ ?

Nǐ hǎo! _____ Máomao.

Wǒ _____ suì.

_____ shénme?

Count

Write the numbers in characters and Pinyin.

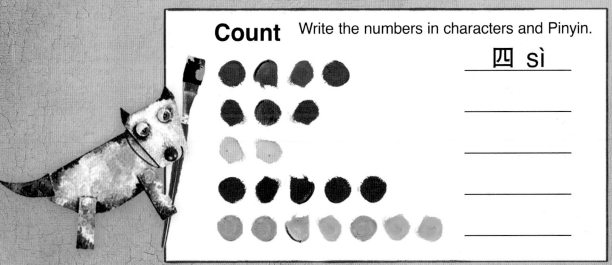

_____ 四 sì _____

_____

_____

_____

_____

Draw and write

很好！
Hěn hǎo!
Go to p.42.

Wǒ jiào _____.

Wǒ _____ suì.

我的家
Wǒ de jiā

这是我的家。
Zhè shì wǒ de jiā.

我爷爷
wǒ yéye

我妈妈
wǒ māma

我爸爸
wǒ bàba

我奶奶
wǒ nǎinai

你有哥哥、姐姐、弟弟、
Nǐ yǒu gēge, jiějie, dìdi,
妹妹吗？
mèimei ma?

我有两个哥哥和一个妹妹。
Wǒ yǒu liǎng ge gēge hé
yí ge mèimei.

我有一个弟弟。
Wǒ yǒu yí ge dìdi.
我没有姐姐、妹妹。
Wǒ méi yǒu jiějie, mèimei.

12

我哥哥
wǒ gēge

我妹妹
wǒ mèimei

你有哥哥、姐姐、
Nǐ yǒu gēge, jiějie,
弟弟、妹妹吗？
dìdi, mèimei ma?

Look at this!

爸爸	bàba	father
妈妈	māma	mother
爷爷	yéye	paternal grandfather
奶奶	nǎinai	paternal grandmother
姥爷	lǎoye	maternal grandfather
姥姥	lǎolao	maternal grandmother
哥哥	gēge	elder brother
弟弟	dìdi	younger brother
姐姐	jiějie	elder sister
妹妹	mèimei	younger sister

Here's how.

吗 **ma** at the end of a statement = question

Plural forms of nouns: No change from singular forms. For example: yí ge **gēge** (one brother), liǎng ge **gēge** (two brothers)

For two things, we say 两个 **liǎng ge**, not èr ge. For example: liǎng ge qìqiú

跟露露和毛毛说中文。
Gēn Lùlu hé Máomao shuō Zhōngwén.

I can say...

这是我的房子。
Zhè shì wǒ de fángzi.

这是门厅。
Zhè shì méntīng.

Look at this!

这是我的卧室。
Zhè shì wǒ de wòshì.

这是我哥哥的卧室。
Zhè shì wǒ gēge de wòshì.

哥哥的卧室
gēge de wòshì

客厅
kètīng

门厅
méntīng

厨房
chúfáng

跟露露和毛毛说中文。
Gēn Lùlu hé Máomao shuō Zhōngwén.

这是我的房子。
Zhè shì wǒ de fángzi.

15

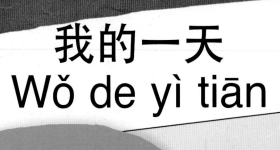

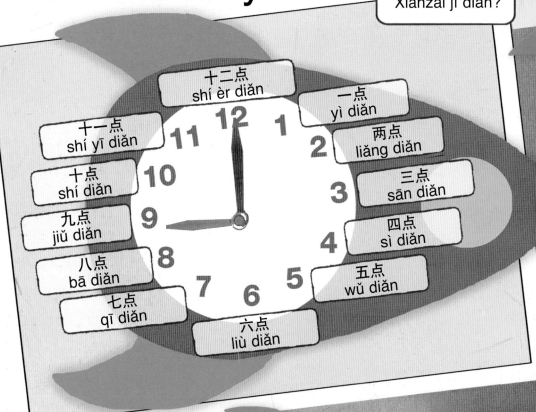

上午
shàngwǔ

下午
xiàwǔ

七点了！
Qī diǎn le!

该吃早饭了。
Gāi chī zǎofàn le.

该吃午饭了。
Gāi chī wǔfàn le.

夜里
yèli

该睡觉了。
Gāi shuìjiào le!

现在几点？
Xiànzài jǐ diǎn?

Here's how.

现在六点了。
Xiànzài liù diǎn **le**.

了 **le** at the end of sentence indicates a change of time or situation. For example: **Gāi shuìjiào** means this is the time when you usually go to sleep, but **Gāi shuìjiào le** means now is the time that you are going to sleep

跟露露和毛毛说中文。
Gēn Lùlu hé Máomao shuō Zhōngwén.

你觉得怎么样？
Nǐ juéde zěnme yàng?

头
tóu

眼睛
yǎnjing

鼻子
bízi

耳朵
ěrduo

手
shǒu

胳膊
gēbo

肚子
dùzi

腿
tuǐ

我很好！
Wǒ hěn hǎo!

脚
jiǎo

Here's how.

Wǒ kě le (I am thirsty): **kě** acts as a verb to show what state the subject is in, so we don't need the verb 'to be'

不 **bù** followed by another 4th-toned word: change to 2nd tone = bú. For example: bú rè

(19)

Quiz 2

Find and color

gēge bàba yéye jiějie māma dìdi nǎinai mèimei

Write

tóu

Write

Nǐ zěnme yàng?

Wǒ _____ le. (thirsty)

Wǒ _____ le. (hungry)

Wǒ _____ le. (hot)

Wǒ _____ le. (cold)

Match

四点 sì diǎn	evening
十二点 shí èr diǎn	morning
上午 shàngwǔ	12 o'clock
晚上 wǎnshang	afternoon
下午 xiàwǔ	4 o'clock

Draw and write

很好！
Hěn hǎo!
Go to p.42.

Zhè shì wǒ _____.

太阳是黄色的。
Tàiyáng shì huáng sè de.

熊猫是黑白色的。
Xióngmāo shì hēi bái sè de.

雨伞是蓝紫色的。
Yǔsǎn shì lán zǐ sè de.

我喜欢...
Wǒ xǐhuān...

这是...
Zhè shì...

一个红苹果。
yí ge hóng píngguǒ.

一辆绿车。
yí liang lǜ chē.

一个粉杯子。
yí ge fěn bēizi.

一朵黄花。
yì duo huáng huā.

Here's how.

Tàiyáng shì huáng sè de (The sun is yellow): In this sentence, 是...的 **shì...de** makes the statement emphatic; it implies that the sun is yellow, not any other color

ge is the most common measure word before nouns, but some nouns need different measure words, such as 辆 **liang** and 朵 **duo**. For example: yí liang lǜ chē (a green car), yì duo huáng huā (a yellow flower)

ü preceded by j, q, x, y: change to **u**. For example: yǔsǎn (umbrella). This is because ü does not occur after j, q, x, y

跟露露和毛毛说中文。
Gēn Lùlu hé Máomao shuō Zhōngwén.

我看起来很酷！
Wǒ kàn qǐlái hěn kù!

我戴… 我穿…
Wǒ dài… Wǒ chuān…

帽子
màozi

我穿校服。
Wǒ chuān xiàofú.

衬衫
chènshān

毛衣
máoyī

领带
lǐngdài

上衣
shàngyī

裙子
qúnzi

裤子
kùzi

你看起来很帅！
Nǐ kàn qǐlái hěn shuài!

你看起来很傻！
Nǐ kàn qǐlái hěn shǎ!

靴
xuēzi

鞋
xié

眼镜
yǎnjìng

我戴… 我穿…
Wǒ dài… Wǒ chuān…

棒球帽
bàngqiú mào

太阳镜
tàiyáng jìng

我戴… 我穿…
Wǒ dài… Wǒ chuān…

T-恤衫
T-xùshān

短裤
duǎnkù

连衣裙
liányī qún

球鞋
qiúxié

鞋
xié

你看起来很可爱！
Nǐ kàn qǐlái hěn kěài!

你看起来很酷！
Nǐ kàn qǐlái hěn kù!

眼露露和毛毛说中文。
Gēn Lùlu hé Máomao shuō Zhōngwén.

我看起来真的很酷！
Wǒ kàn qǐlái zhēnde hěn kù!

Here's how.

There are two different verbs for 'to wear': 穿 **chuān** is for wearing clothing and shoes, while 戴 **dài** is for wearing accessories, such as a hat, eyeglasses, or a watch

胶水
jiāoshuǐ

我有很多朋友。
Wǒ yǒu hěnduō péngyou.

艾丽是我最好
Aìlì shì wǒ zuìhǎo
的朋友。
de péngyou.

椅子
yǐzi

剪子
jiǎnzi

纸
zhǐ

蜡笔
làbǐ

桌子
zhuōzi

书
shū

橡皮
xiàngpí

毛毛是我
Máomao shì wǒ
最好的朋友。
zuìhǎode péng-
you.

I can say...

桌子，画笔，…
zhuōzi, huàbǐ, …

你好吗？
Nǐ hǎo ma?

我很好，你呢？
Wǒ hěn hǎo, nǐ ne?

跟露露和毛毛说中文。
Gēn Lùlu hé Máomao shuō Zhōngwén.

27

郊游
Jiāoyóu

这里有几条蛇？
Zhèlǐ yǒu jǐ tiáo shé?

这里有三条蛇。
Zhèlǐ yǒu sān tiáo shé.

那里有两个大象。
Nàlǐ yǒu liǎng ge dàxiàng.

大象
dàxiàng

蛇
shé

十一个蚂蚱
shíyī ge màzha

十一
shíyī

鳄鱼
èyú

十二
shíèr

十三
shísān

Here's how.

条 **tiáo** is the measure word for long objects. For example: sān tiáo shé, liǎng tiáo èyú

袋鼠
dàishǔ

河马
hémǎ

那里有几个
Nàlǐ yǒu jǐ ge
长颈鹿？
chángjǐng lù?

那里有两个长颈鹿。
Nàlǐ yǒu liǎng ge
chángjǐng lù.

猴子
hóuzi

长颈鹿
chángjǐng lù

跟露露和毛毛说中文。
Gēn Lùlu hé Máomao shuō Zhōngwén.

二十
èrshí

十九
shíjiǔ

这里有二十个蚂蚱。
Zhèlǐ yǒu èrshí ge
màzha.

十八
shíbā

十四
shísì

十五
shíwǔ

十六
shíliù

十七
shíqī

I can say...

这里有几个河马？
Zhèlǐ yǒu jǐ ge hémǎ?

有一个河马。
Yǒu yí ge hémǎ.

那里有几个猴子？
Nàlǐ yǒu jǐ ge hóuzi?

有四个猴子。
Yǒu sì ge hóuzi.

29

Quiz 3

Color

红T-恤衫
hóng T-xùshān

黄色和绿色棒球帽
huáng sè hé lǜ sè
bàngqiú mào

粉毛衣
fěn máoyī

紫帽子
zǐ màozi

蓝裤子
lán kùzi

橙色裙子
chéng sè qúnzi

Write

 _____ bǐjì běn _____ _____

_____ _____

_____ _____

Answer the questions according to the pictures on pp.28–29.

Zhèlǐ yǒu jǐ ge dàishǔ?
Zhèlǐ yǒu _____.

Zhèlǐ yǒu jǐ ge hémǎ?
Zhèlǐ yǒu _____.

Nàlǐ yǒu jǐ ge chángjǐnglù?
Nàlǐ yǒu _____.

Nàlǐ yǒu jǐ tiáo shé?
Nàlǐ yǒu _____.

Draw and write

Wǒ dài _____
_____
_____.

Wǒ chuān _____
_____.

很好！
Hěn hǎo!
Go to p.43.

我是海盗！
Wǒ shì hǎidào!

露露，你是海盗吗？
Lùlu, nǐ shì hǎidào
ma?

毛毛，你是巫师吗？
Máomao, nǐ shì wūshī
ma?

不对，我不是。
Bú duì, wǒ bú shì.
我是魔术师。
Wǒ shì móshù shī.

对，我是海盗。
Duì, wǒ shì hǎidào.

我喜欢装扮！
Wǒ xǐhuān
zhuāngbàn!

我是仙女。
Wǒ shì xiānnǚ.

我是牛仔。
Wǒ shì niúzǎi.

我是巫婆。
Wǒ shì wūpó.

我是鬼怪。
Wǒ shì guǐguài.

Look at this!

你是 …?
Nǐ shì…?

对，我是。
Duì, wǒ shì.

不对，我不是。
Bú duì, wǒ bú shì.

I can say…

我是海盗。
Wǒ shì hǎidào.

你是巫师吗？
Nǐ shì wūshī ma?

对，我是。
Duì, wǒ shì.

不对，我不是。
Bú duì, wǒ bú shì.

跟露露和毛毛说中文。
Gēn Lùlu hé Máomao shuō Zhōngwén.

我想玩！
Wǒ xiǎng wán!

我想 …
Wǒ xiǎng…

跟朋友聊天
gēn péngyou liáotiān

画画
huàhuà

骑自行车
qí zìxíngchē

跳舞
tiàowǔ

游泳
yóuyǒng

你想玩吗？
Nǐ xiǎng wán ma?

我不想玩。
Wǒ bù xiǎng wán.

Look at this!

你想看电视吗？
Nǐ xiǎng kàn diànshì ma?

我想。
Wǒ xiǎng.

我不想。
Wǒ bù xiǎng.

我想看书。
Wǒ xiǎng kànshū.

我想 …
Wǒ xiǎng…

捉迷藏
zhuōmícáng

玩蹦床
wán
bèngchuáng

看书
kànshū

你想玩吗？
Nǐ xiǎng wán ma?

踢足球
tī zúqiú

我想。
Wǒ xiǎng
wán.

看电视
kàn diànshì

I can say…

我想玩蹦床。
Wǒ xiǎng wán bèngchuáng.

你想玩吗？
Nǐ xiǎng wán ma?

我想。
Wǒ xiǎng.

我不想。
Wǒ bù xiǎng.

跟露露和毛毛说中文。
Gēn Lùlu hé Máomao shuō Zhōngwén.

在玩具店
Zài wánjù diàn

我喜欢玩具！
Wǒ xǐhuān wánjù!

我要买一个木马。
Wǒ yào mǎi yí ge mùmǎ.

小房子
xiǎo fángzi

旱冰鞋
hànbīngxié

火车
huǒchē

赛车
sàichē

木马
mùmǎ

娃娃
wáwa

鸭子
yāzi

小熊
xiǎo xióng

踏板车
tàbǎnchē

我想买一个吉他。
Wǒ xiǎng mǎi yí ge jíta.

恐龙
kǒnglóng

吉他
jíta

我想买一个球。
Wǒ xiǎng mǎi yí ge qiú.

Look at this!

我想 …
Wǒ xiǎng…

买一个火车
mǎi yí ge huǒchē

买一本书
mǎi yì běn shū

跟露露和毛毛说中文。
Gēn Lùlu hé Máomao shuō Zhōngwén.

在咖啡馆
Zài kāfēi guǎn

菜单
Càidān

小吃
Xiǎochī

面条
miàntiáo

炸薯条
zhá shǔtiáo

炸鱼条
zhá yútiáo

比萨饼
bǐsàbǐng

三明治
sānmíngzhì

汉堡包
hànbǎo bāo

冰淇淋
bīngqílín

草莓
cǎoméi

饮料
Yǐnliào

好吃！
Hǎochī!

橙汁
chéngzhī

苹果汁
píngguǒ zhī

柠檬汁
níngméng zhī

您要点什么？
Nín yào diǎn shénme?

请给我来炸鱼条和草莓。
Qǐng gěi wǒ lái zhá yútiáo hé cǎoméi.

请给我来面条和冰淇淋。
Qǐng gěi wǒ lái miàntiáo hé bīngqílín.

给您。
Gěi nín.

谢谢！
Xièxiè!

I can say...

请给我来比萨饼.
Qǐng gěi wǒ lái bǐsàbǐng.

请给我来苹果汁.
Qǐng gěi wǒ lái píngguǒ zhī.

谢谢！
Xièxiè!

Look at this!

请给我来比萨饼,
Qǐng gěi wǒ lái bǐsàbǐng,
草莓,和柠檬汁.
cǎoméi hé níngméng zhī.

您 **nín** is the polite form of
你 nǐ

跟露露和毛毛说中文。
Gēn Lùlu hé Máomao shuō Zhōngwén.

Quiz 4

Assign each family member a costume for a Halloween party.

māma	niúzǎi
nǎinai	hǎidào
bàba	xiānnǚ
yéye	wūshī
gēge	móshùshī

Now write in Pinyin and English what each person is.

Māma shì xiānnǚ. Mom is a fairy.

Write

Wǒ xiǎng mǎi yí ge...

Write

请给我来面条和橙汁.

Qǐng gěi wǒ lái miàn tiáo hé chéngzhī.

你想玩吗？
Nǐ xiǎng wán ma?

Draw and write

很好！
Hěn hǎo!
Go to p.43.

Wǒ xiǎng _____

_____.

43

Quiz answers

Quiz 1

Find and color

liù, yī, shí, jiǔ, sān, sì, èr, qī, wǔ, bā, líng

Match

Nǐ hǎo! / Nǐ hǎo!
Nǐ jiào shénme míngzi? / Wǒ jiào Máomao.
Nǐ duō dà? / Wǒ bā suì!
Zàijiàn! / Zàijiàn!

Count

四	sì
三	sān
二	èr
五	wǔ
七	qī

Write

Nǐ hǎo! Wǒ jiào Lùlu.
Nǐ jiào shénme?

Nǐ hǎo! Wǒ jiào Máomao.
Wǒ bā suì.

Nǐ jiào shénme?

Quiz 2

Find and color

gēge, bàba, yéye, jiějie, māma, dìdi, nǎinai, mèimei

Write

Wǒ kě le.
Wǒ è le.
Wǒ rè le.
Wǒ lěng le.

Match

sì diǎn / 4 o'clock
shí èr diǎn / 12 o'clock
shàngwǔ / morning
wǎnshang / evening
xiàwǔ / afternoon

Write

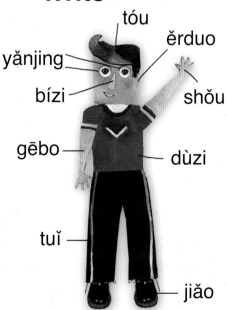

tóu
ěrduo
yǎnjing
bízi
shǒu
gēbo
dùzi
tuǐ
jiǎo

Find and color

- ● hóng T-xùshān
- ● ● huáng sè hé lǜ sè bàngqiú mào
- ● fěn máoyī
- ● lán kùzi
- ● chéng sè qúnzi
- ● zǐ màozi

Write

Zhèlǐ yǒu sān ge dàishǔ.
Zhèlǐ yǒu yí ge hémǎ.
Nàlǐ yǒu liǎng ge chángjǐnglù.
Nàlǐ yǒu sān tiáo shé.

Write

 bǐjì běn

 làbǐ

 jiǎnzi

 bǐ

 jìsuàn qì

xiàngpí

Quiz 4

Write

Wǒ xiǎng mǎi yí ge...

 huǒchē

 mùmǎ

 yāzi

 kǒnglóng

Write

Qǐng gěi wǒ lái miàn tiáo hé chéngzhī.
Qǐng gěi wǒ lái zhá yútiáo hé bīngqílín.
Qǐng gěi wǒ lái hànbǎo bāo hé níngméng zhī.
Qǐng gěi wǒ lái píngguǒ zhī, sānmíngzhì hé cǎoméi.

很好！
Hěn hǎo!

Wordlist

八 bā	eight	大象 dàxiàng	elephant	汉堡包 hànbǎobāo	hamburger	咖啡馆 kāfēiguǎn	café
爸爸 bàba	father	的 de	's	旱冰鞋 hànbīngxié	rollerskates	看 kàn	to see
白色 bái sè	white	店 diàn	store	好 hǎo	good	渴 kě	thirsty
棒球 bàngqiú	baseball	点菜 diǎncài	to order a dish	好吃 hǎochī	tasty	可爱 kěài	lovely
白板 báibǎn	white board	电视 diànshì	TV	好看 hǎokàn	good- looking	客厅 kètīng	living ro
杯子 bēizi	cup, glass	弟弟 dìdi	younger brother	和 hé	and	恐龙 kǒnglóng	dinosau
蹦床 bèngchuáng	trampoline	短裤 duǎnkù	shorts	黑色 hēi sè	black	酷 kù	cool
笔 bǐ	pen, pencil	多大 duō dà	how old	河马 hémǎ	hippo	裤子 kùzi	trousers
笔记本 bǐjìběn	notebook	朵 duǒ	measure word	很 hěn	very	蜡笔 làbǐ	crayons
冰淇淋 bīngqílín	ice cream	肚子 dùzi	belly	红色 hóng sè	red	蓝色 lán sè	blue
比萨饼 bǐsàbǐng	pizza	饿 è	hungry	猴子 hóuzi	monkey	姥姥 lǎolao	matern grandm
鼻子 bízi	nose	二 èr	two	花 huā	flower	老师 lǎoshī	teacher
不 bù	no, not	耳朵 ěrduo	ear	画 huà	painting	姥爷 lǎoye	matern grandpe
菜单 càidān	menu	鳄鱼 èyú	crocodile	画笔 huàbǐ	paintbrush	了 le	comple particle
草莓 cǎoméi	strawberries	房子 fángzi	house	黄色 huáng sè	yellow	冷 lěng	cold
长颈鹿 chángjǐnglù	giraffe	粉色 fěn sè	pink	花园 huāyuán	flower garden	辆 liàng	measur word
车 chē	vehicle	该 gāi	should	火车 huǒchē	train	连衣裙 liányīqún	dress
橙色 chéng sè	orange	个 gè	measure word	几 jǐ	how many	聊天 liáotiān	to chat
衬衫 chènshān	shirt	胳膊 gēbo	arm	家 jiā	home	零 líng	zero
吃 chī	to eat	哥哥 gēge	elder brother	剪子 jiǎnzi	scissors	领带 lǐngdài	tie
尺子 chǐzi	ruler	给我来… gěi wǒ lái…	I'd like to have…	脚 jiǎo	foot	六 liù	six
穿 chuān	to wear	跟 gēn	with	叫 jiào	to call	楼梯 lóutī	stairs
窗子 chuāngzi	window	狗 gǒu	dog	胶水 jiāoshuǐ	glue	绿色 lǜ sè	green
戴 dài	to put on	鬼怪 guǐguài	monster	郊游 jiāoyóu	outing	吗 mā	question marker
袋鼠 dàishǔ	kangaroo	海盗 hǎidào	pirate	计算器 jìsuànqì	calculator	买 mǎi	to buy
				吉他 jíta	guitar	妈妈 māma	mother
				九 jiǔ	nine		
				觉得 juéde	to feel		

Chinese	Pinyin	English
	...āo	cat
...衣	...āoyī	sweater
...子	...āozi	hat
...蚱	...ǎzha	grasshopper
...妹	...èimei	younger sister
...厅	...éntīng	hallway
...条	...iàntiáo	noodles
...字	...íngzi	name
...术师	...óshùshī	magician
...马	...ùmǎ	rocking horse
...里	...àlì	there
...奶	...ǎinai	paternal grandma
		question marker
		you
		you (formal)
...檬	...ngméng	lemon
...仔	...úzǎi	cowboy
...友	...ngyou	friend
...果	...ngguǒ	apple
		seven
		to ride
...笔	...ǎnbǐ	pencil
...ng		please
...球	...iú	balloon
		ball
...鞋	...úxié	running shoes
...子	...ǐzi	skirt
		hot
赛车	sàichē	race car
三	sān	three
三明治	sānmíngzhì	sandwich
上午	shàngwǔ	morning
上衣	shàngyī	jacket
蛇	shé	snake
什么	shénme	what
十	shí	ten
是	shì	to be
手	shǒu	hand
书	shū	book
帅	shuài	handsome
水彩	shuǐcǎi	watercolors
睡觉	shuìjiào	to sleep
薯条	shǔtiáo	french fries
四	sì	four
岁	suì	years old
T-恤衫	T-xùshān	T-shirt
他	tā	he, him
踏板车	tàbǎnchē	scooter
太阳	tàiyáng	the sun
太阳镜	tàiyángjìng	sunglasses
天	tiān	day
条	tiáo	measure word
跳舞	tiàowǔ	to dance
头	tóu	head
腿	tuǐ	leg
玩	wán	to play
玩具	wánjù	toy
晚饭	wǎnfàn	dinner
晚上	wǎnshang	evening
娃娃	wáwa	doll
卫生间	wèishēngjiān	bathroom
问题	wèntí	question
我	wǒ	I, me
卧室	wòshì	bedroom
五	wǔ	five
午饭	wǔfàn	lunch
巫婆	wūpó	witch
巫师	wūshī	wizard
想	xiǎng	to think
橡皮	xiàngpí	eraser
仙女	xiānnǚ	fairy
现在	xiànzài	now
小吃	xiǎochī	snacks
校服	xiàofú	school uniform
小熊	xiǎoxióng	teddy bear
下午	xiàwǔ	afternoon
鞋	xié	shoes
谢谢	xièxie	thank you
喜欢	xǐhuān	to like
熊猫	xióngmāo	panda
靴	xuēzi	boots
学	xué	to study
学生	xuéshēng	student
学校	xuéxiào	school
眼睛	yǎnjing	eyes
眼镜	yǎnjìng	glasses
要	yào	to want
鸭子	yāzi	duck
夜里	yèli	night
爷爷	yéye	paternal grandpa
一	yī	one
饮料	yǐnliào	drinks
椅子	yǐzi	chair
用	yòng	to use
有	yǒu	to have
游泳	yóuyǒng	to swim
雨伞	yǔsǎn	umbrella
鱼条	yútiáo	fishsticks
在	zài	at, in
再见	zàijiàn	goodbye
早饭	zǎofàn	breakfast
找	zhǎo	to look for
这	zhè	this
这里	zhèlǐ	here
汁	zhī	juice
纸	zhǐ	paper
中文	zhōngwén	Chinese language
住	zhù	to live
装扮	zhuāngbàn	to dress up
捉迷藏	zhuōmícáng	hide-and-seek
桌子	zhuōzi	table
紫色	zǐ sè	purple
自行车	zìxíngchē	bike
最好的	zuìhǎo de	the best

chinese
with **Lùlu** and **Máomao**

Milet Publishing, LLC
333 North Michigan Avenue
Suite 530
Chicago, IL 60601
info@milet.com
www.milet.com

Chinese with Lùlu and Máomao
Chinese text by Licheng Gu

Adapted from:
English with Abby and Zak
Text by Tracy Traynor
Illustrations by Laura Hambleton

First published by Milet Publishing, LLC in 2008
Copyright © Licheng Gu for text, 2008
Copyright © Milet Publishing, LLC, 2008

ISBN 978 1 84059 514 7

Audio recording by:
Licheng Gu, Wendi L. Gu, Lisa Y. Cheng

Pictographs of fish and horse characters on pages 6 and 7 taken from:
Picture Characters by Licheng Gu, Copyright © 2006 by Licheng Gu

Printed and bound in China

Please see our website www.milet.com
for other language learning books.